Lothar-Rüdiger Lütge

Papst Leo XIV

Rettet er die
römisch-katholische Kirche?

Verlag:
BoD · Books on Demand GmbH, Überseering 33,
22297 Hamburg, bod@bod.de
Druck:
Libri Plureos GmbH, Friedensallee 273,
22763 Hamburg

ISBN: 978-3-8192-4934-1

„Ich aber sage dir: Du bist Petrus und auf diesen Felsen werde ich meine Kirche bauen und die Pforten der Unterwelt werden sie nicht überwältigen."

(Matthäus 16,18)

Lothar-Rüdiger Lütge

Papst Leo XIV

Rettet er die
römisch-katholische Kirche?

Inhalt

Die Stimme der Gläubigen

Die gegenwärtige Lage der Kirche ist von Spannungen gezeichnet. Auf der einen Seite steht eine zweitausendjährige Tradition, die in der Tiefe des Mysteriums von Inkarnation, Kreuzestod und Auferstehung Jesu Christi wurzelt. Auf der anderen Seite erleben viele Gläubige eine zunehmende Entfremdung von dieser Mitte, bedingt durch eine Anpassung an gesellschaftliche Strömungen, eine Banalisierung liturgischer Formen und eine Verwässerung der Verkündigung.

In dieser Situation ist es verständlich, dass viele Katholiken mit Sorge, Schmerz und auch Ratlosigkeit auf das schauen, was in den Gemeinden, in den Gottesdiensten und in den öffentlichen Prozessen der kirchlichen Selbstreflektion geschieht. Vieles, was einst als Ausdruck des Glaubens diente, scheint heute Ausdruck von Unsicherheit, Kompromiss und zeitgeistiger Selbstanpassung geworden zu sein.

Und doch bleibt die Hoffnung. Denn das Fundament ist nicht verschwunden. Die Kirche ist nicht von Menschen erfunden worden, sie ist von Christus gestiftet worden. Ihre Mitte ist nicht eine bloße Ethik, sondern ein Ereignis: der Einbruch Gottes in die Geschichte, seine Menschwerdung, sein Tod am Kreuz und seine überwältigende, weltverändernde Auferstehung. Diese Realität ist keine Idee, keine Erinnerung, keine symbolische Chiffre – sie ist der Grund aller christlichen Hoffnung. Und sie ist es, die heute mehr denn je in den Mittelpunkt gerückt werden muss.

Deshalb richten sich viele Augen nach Rom, zu Papst Leo XIV. Auch dieser Text wendet sich dorthin. Er versteht sich als Beitrag zur gemeinsamen Sorge vieler Gläubigen um das Wesen und die Zukunft der Kirche. Er will ausdrücklich keine Belehrung sein, sondern eine Form des gemeinsamen Nachdenkens. Die Stimme eines Teils des Gottesvolkes, der sich mit der Frage trägt, wie die Kirche wieder voll und ganz zu dem werden kann, was sie ist: der mystische Leib Christi, das sichtbare Zeichen der unsichtbaren Gnade, das Sakrament der Erlösung in einer verlorenen Welt.

Bleibt zu wünschen, dass dieser Text als Ausdruck von Treue und Liebe zur Kirche verstanden wird. Und als Einladung, die Mitte des Glaubens – Jesus Christus, den Gekreuzigten und Auferstandenen – wieder unmissverständlich in den Mittelpunkt zu rücken. Denn alles steht und fällt mit ihm.

Die wahre Botschaft – Inkarnation, Kreuz und Auferstehung

Im Zentrum des christlichen Glaubens steht kein ethisches Ideal, kein spirituelles Prinzip und keine symbolische Geschichte – sondern ein einzigartiges, historisches, weltveränderndes Ereignis: Die Menschwerdung Gottes in Jesus Christus, sein Tod am Kreuz und seine leibhaftige Auferstehung von den Toten.

Diese drei Wirklichkeiten sind untrennbar miteinander verbunden. Sie bilden den innersten Kern der christlichen Offenbarung, jenes „Evangelium", das wörtlich „gute Nachricht" bedeutet. Es ist die Nachricht davon, dass Gott selbst, in unbegreiflicher Liebe, in seine Schöpfung eintritt, sich erniedrigt bis in die tiefste Verlassenheit hinein – um sie von innen her zu erlösen.

Die Inkarnation ist dabei mehr als eine religiöse Vorstellung. Sie ist die Aussage, dass die Transzendenz selbst den Horizont der Geschichte durchbrochen hat. In Jesus von Nazareth begegnet uns kein Lehrer, kein

Prophet, kein frommer Mensch, sondern der ewige Logos, das fleischgewordene Wort Gottes.

Am Kreuz geschieht dann der Wendepunkt. Der Tod Jesu ist kein Scheitern, sondern der entscheidende Akt der Erlösung: freiwillig angenommen, unschuldig erlitten, sühnend und eröffnend zugleich. Die Hingabe des Sühneopfers ist die Antwort auf das Zerbrechen der Verbindung zwischen Mensch und Gott. Und damit das Wiederherstellen der ursprünglichen Beziehung zwischen Gott und dem Menschen.

Und mit der Auferstehung beginnt eine neue Wirklichkeit. Sie ist nicht ein psychologisches Bild oder eine fromme Hoffnung, sondern ein realer, geschichtlich verankerter Durchbruch: Ein Toter kehrt mit einem veränderten, verklärten Leib ins Leben zurück – nicht in das alte, sondern in ein neues, unvergängliches. Damit wird die Wirklichkeit selbst neu definiert. Der Tod ist nicht mehr das Ende, sondern – für jene, die Christus folgen – der Durchgang in das wahre Leben.

Diese Botschaft ist der unverwechselbare Kern des Christentums. Und sie ist ein Alleinstellungsmerkmal. Kein anderes System, keine andere Religion, keine Philosophie kann diese Wahrheit ersetzen. Und sie ist auch nicht relativierbar oder übersetzbar in bloße ethische Prinzipien. Die Kirche ist nicht Trägerin einer allgemeinen Menschenfreundlichkeit, sondern Zeugin einer ontologischen Erneuerung durch den gekreuzigten und auferstandenen Christus.

Wenn die Kirche dies vergisst oder aus Rücksicht auf den Zeitgeist verschweigt, verliert sie ihre Identität. Dann wird sie überflüssig, bedeutungslos und leer. Ihre einzige Legitimation ist die Wahrheit dessen, was an Karfreitag und Ostern geschehen ist. Alles andere ist Beiwerk.

Deshalb ist es notwendig, dass diese Botschaft neu in das Zentrum des kirchlichen Lebens, der Liturgie, der Verkündigung und der Seelsorge gestellt wird. Nicht als ein Aspekt unter vielen, sondern als das Fundament, auf dem alles ruht. Die Welt braucht keine Kirche, die sich gesellschaftlich anpasst. Sie

braucht eine Kirche, die das Unmögliche verkündet: dass der Tod besiegt ist.

Denn nur diese Wahrheit vermag uns Menschen zu retten.

Wie die Kirche ihre Mitte verloren hat

Die gegenwärtige Krise der Kirche ist keine primär strukturelle oder personelle. Sie ist auch keine bloße Kommunikationskrise. Sie ist in ihrem Wesen eine geistige Krise – eine Krise der Mitte. Denn dort, wo einst das Herz des Glaubens pulsierte, herrscht heute vielerorts Leere, Ablenkung oder ein betriebsamer Aktivismus.

Was war diese Mitte? Es war die lebendige Gegenwart Christi im Geheimnis von Kreuz und Auferstehung, gegenwärtig in der Eucharistie, gefeiert in der Liturgie, verkündet in der Predigt, geformt im geistlichen Leben. Wo diese Mitte das Handeln der Kirche bestimmte, hatte alles Sinn und Kraft: die Werke der Nächstenliebe, die Sorge um die Armen, der Einsatz für Gerechtigkeit und Frieden. Doch wo diese Mitte verlorengeht, wird selbst das Gute schwach, beliebig und unfruchtbar.

In den letzten Jahrzehnten hat sich in vielen Teilen der Kirche ein schleichender Wandel vollzogen: Die transzendente Dimension des

Glaubens wurde zurückgedrängt zugunsten einer horizontalen Ausrichtung. Die Verkündigung wurde ethisch-moralisch, statt ontologisch. Die existentielle Dimension der Botschaft verblasste. Die Liturgie wurde vielfach funktionalisiert, reduziert auf Gemeinschaftserlebnis, Gestaltung und psychologisches Wohlbefinden. Der Priester wurde zum Moderator, der Altar zum Tisch, die Eucharistie zur symbolischen Erinnerung.

Gleichzeitig trat die Sprache des Glaubens zurück. Statt von Sünde und Erlösung spricht man heute von Verantwortung, Toleranz und gesellschaftlicher Relevanz. Statt von Gnade hört man von Selbstverwirklichung. Statt von Heiligkeit von Engagement. Diese Begriffe sind nicht falsch – aber sie sind nicht das Zentrum. Und sie können das Zentrum nicht ersetzen.

Der Verlust der Transzendenz zeigt sich auch in der liturgischen Gestalt. Wo einst eine ehrfurchtsvolle, klar ausgerichtete Feier stattfand, herrscht heute oft Beliebigkeit. Musikalisch wie gestisch, sprachlich wie strukturell ist vieles dem Geschmack und den

Konventionen der Gegenwart angepasst worden. Die äußerliche Verweltlichung ist Ausdruck einer tieferen inneren Entfremdung.

Zugleich verschwindet in diesem Prozess die Erfahrung des Heiligen. Wer heute einen durchschnittlichen Gottesdienst besucht, erlebt selten jenes Ergriffensein, jene stille Erschütterung, jenes „fremde Licht", das Menschen einst zum Glauben zog. Stattdessen herrscht eine Atmosphäre religiöser Unverbindlichkeit. Der Ritus wird zur Bühne, der Raum zur Veranstaltungsfläche, das Wort Gottes zur Projektionsfläche moralischer Appelle.

So verliert sich das Wesentliche. Und damit die Kirche ihren Weg.

Die Folgen sind sichtbar: Priestermangel, Austritte, Gleichgültigkeit, geistige Ermüdung. Doch sie sind keine Ursachen. Sie sind Symptome einer tieferen Verwundung: der Entleerung des Glaubens durch Verlust der Mitte. Nur wenn diese Mitte wiedergefunden wird, kann die Kirche erneuert werden.

Nicht durch Programme. Nicht durch Strukturreformen. Sondern durch die Rückkehr zum Ursprünglichen: zum gekreuzigten und auferstandenen Herrn.

Diese Erkenntnis ist nicht neu. Doch sie muss neu ausgesprochen, neu bezeugt und neu geglaubt werden.

Die Folgen – Leere, Verwirrung und Verwahrlosung

Wenn die Mitte des Glaubens verloren geht – Christus als der Gekreuzigte und Auferstandene, als lebendige Gegenwart Gottes in der Geschichte – dann bleibt nur die Hülle. Und diese Hülle kann zwar äußerlich noch eine Zeitlang aufrechterhalten werden, doch sie verliert ihre Kraft, ihre Richtung und ihre Wahrheit. Es ist wie bei einem Baum, der innerlich verdorrt, aber äußerlich noch Laub trägt: Der Verfall ist nicht sofort sichtbar, aber er schreitet unaufhaltsam fort.

Diese geistige Aushöhlung zeigt sich in vielen Formen: in der Verwässerung der Liturgie, in der Beliebigkeit der Predigtinhalte, in der moralischen Verunsicherung, in der Banalisierung des Sakralen. Die Leere, die dadurch entsteht, wird nicht selten überdeckt – durch Aktivismus, durch vermeintliche Nähe zu aktuellen Themen, durch eine Sprache, die zwar „modern" sein will, aber dabei das Heilige verliert.

Wer versucht, heute als gläubiger Mensch an einem durchschnittlichen Gottesdienst teilzunehmen, sieht sich häufig mit einer Atmosphäre konfrontiert, die schwer zu ertragen ist. Der Raum ist nicht mehr Raum des Gebets, sondern Ort des Geschehens. Die Liturgie wird nicht mehr in heiliger Stille gefeiert, sondern begleitet von Kommentaren, Appellen, erläuternden Hinweisen. Priester und Laienakteure treten als Gastgeber, nicht als Diener des Mysteriums auf. Was als religiöse Kommunikation gemeint ist, wirkt oft wie eine pädagogische Veranstaltung mit moralischem Rahmenprogramm.

Besonders bedrückend ist, dass diese Entwicklungen meist nicht als Problem empfunden werden – im Gegenteil: Sie gelten vielen als Fortschritt, als Öffnung, als „Ankommen im Heute". Doch was bedeutet dieses „Heute"? Es ist ein Heute, in dem das Transzendente fast vollständig in das Horizontale aufgelöst wurde. Es ist ein Heute, in dem das göttliche Du durch ein soziales Wir ersetzt wurde. Und es ist ein Heute, in dem der Mensch sich selbst zum Maßstab macht – auch im Haus Gottes.

Die Musik in den Messen ist ein besonders deutliches Zeichen für diese Entwicklung. Oft ist sie nicht Ausdruck des Gebets, sondern Versuch, Atmosphäre zu erzeugen – emotional, anschlussfähig, weltlich. Populäre Melodien mit religiös umgedeutetem Text sollen offenbar das ersetzen, was die Seele einst durch Stille, Gregorianik oder feierlichen Choral erfahren konnte: eine Ahnung vom ganz Anderen. Doch diese Ahnung verschwindet. Und mit ihr die Ehrfurcht, das Staunen, das innerliche Aufgerichtetwerden.

Die Verwahrlosung betrifft nicht nur Äußerlichkeiten. Sie reicht tief. Wenn der Ritus zum Spektakel wird, wenn das Wort zur Parole verkommt, wenn der sakrale Raum seine Tiefe verliert, dann verwahrlost nicht nur das Gebäude, sondern die geistige Heimat. Es verwahrlost die Beziehung zu Gott.

Und gerade deshalb sind die Orte, an denen noch das Gegenteil geschieht, so wohltuend anders. Wer eine solche Kirche betritt, in der das Heilige noch greifbar ist – sei es durch Stille, durch würdige Kleidung, durch klare liturgische Ordnung, durch ehrfürchtige

Haltung –, der merkt sofort: Hier weht ein anderer Geist, hier ist eine andere Wirklichkeit. Hier geht es nicht primär um uns, sondern um IHN. Und das verändert alles. Es gibt noch, oder inzwischen wieder vermehrt, katholische Gemeinden dieser Art. Diese besondere Erfahrung ist es, die vielen heute fehlt – und die doch eigentlich das Herz der Kirche ausmachen sollte.

Wenn die Kirche in ihrer Mehrzahl nicht bereit ist, die Verwahrlosung als das zu erkennen, was sie ist – eine Folge der Preisgabe ihrer eigenen Mitte –, dann wird sie weiter an Relevanz verlieren. Nicht, weil sie nicht modern genug wäre. Sondern weil sie nichts mehr zu sagen hat, was über das Weltliche hinausweist.

Die Kirche kann nur überleben, wenn sie sich wieder bewusst wird, was sie ist: der Ort, an dem Himmel und Erde sich berühren. Der Raum, in dem das Opfer Christi gegenwärtig wird. Die Gemeinschaft derer, die glauben, dass die Auferstehung real ist – und dass sie allein der Weg zum Leben ist.

Was verloren wurde, kann zurückgewonnen
werden. Aber nur, wenn man bereit ist, die
Diagnose ehrlich zu stellen.

Christus hat die Welt verändert – die Kirche muss es verkünden

Was in Jesus Christus geschehen ist, ist kein symbolischer Akt, keine spirituelle Deutung, kein religiöses Ideal. Es ist ein geschichtliches, metaphysisches, weltveränderndes Ereignis. In der Menschwerdung, im Kreuzestod und in der Auferstehung hat er die Wirklichkeit selbst verändert. Eine neue Dimension des Seins wurde eröffnet – nicht als Denkmodell, sondern als objektive Realität.

Jesus Christus hat konkret das Sein verändert. Er hat einen Weg geschaffen, den es vorher nicht gab, durch den Tod hindurch ins neue Leben. Und er lädt uns ein ihm zu folgen. Dies ist die zentrale Botschaft. Und die Kirche existiert aus genau diesem Grund. Sie ist nicht Trägerin einer Idee, sondern Zeugin eines Ereignisses. Nicht Verwalterin von Moral, sondern Hüterin eines Mysteriums. Ihre einzige Legitimation liegt in der Tatsache, dass sie von diesem Christus gegründet wurde – von dem, der den Tod überwunden und das Leben in Fülle eröffnet hat.

Wenn die Kirche diesen Auftrag vergisst, wird sie unkenntlich. Und wenn sie ihn aus Furcht, Scham oder Anpassung an die Welt nicht mehr klar verkündet, verliert sie ihre Daseinsberechtigung. Denn ihre Aufgabe ist nicht, die Gesellschaft zu begleiten oder sich in öffentliche Diskurse einzubringen. Ihre Aufgabe ist, das Evangelium zu verkünden: mit aller Kraft, mit aller Klarheit, mit aller Hoffnung.

Christus hat den Tod besiegt. Das ist der entscheidende Satz. Und dieser Satz steht nicht isoliert da, sondern trägt eine ganze Bewegung in sich: eine Hinwendung, eine Einladung, eine Öffnung des Himmels. Wer das nicht versteht – oder nicht mehr zu sagen wagt –, der predigt nicht mehr Christus, sondern nur noch seine Schatten.

Viele Menschen suchen heute nach Orientierung, nach Wahrheit, nach etwas, das Bestand hat. Doch was sie von der Kirche oft hören, sind gesellschaftliche Appelle, moralische Mahnungen, politische Positionierungen. All das mag im Einzelfall berechtigt sein

– aber es ist nicht das Zentrum. Das Zentrum
ist: Christus lebt. Und er ruft.

Der auferstandene Herr ist nicht eine abstrakte Wahrheit. Er ist eine lebendige Person,
gegenwärtig in der Eucharistie, im Gebet, in
der Kirche. Wer ihm begegnet, begegnet der
Quelle des Lebens. Doch wie soll diese Begegnung möglich sein, wenn das Herz der Kirche verschlossen bleibt, wenn die Sakramente entleert, die Liturgie banalisiert und
die Predigt entschärft ist?

Die Kirche ist kein moralischer Verband. Sie
ist der mystische Leib Christi. Und dieser Leib
lebt nur, wenn das Haupt, Christus, in seiner
ganzen Wirklichkeit verkündet wird – als der,
der stirbt und aufersteht, als der, der richtet
und rettet, als der, der wiederkommt in Herrlichkeit.

Deshalb genügt es nicht, sich auf die Lebenslehren Jesu zu berufen. So wertvoll sie sind –
sie sind nicht das Zentrum. Das Zentrum ist
seine Tat: die Durchkreuzung des Todes. Alles
andere ist Folge, Ausdruck, Konsequenz. Die
ethische Weisung des Evangeliums ist

eingebettet in die Heilswirklichkeit – sie ist nicht die Heilswirklichkeit selbst.

Die Kirche kann sich nicht retten, indem sie sich der Welt angleicht. Sie kann sich nur erneuern, indem sie zu ihrem Ursprung zurückkehrt: zum Ereignis des Karfreitags und des Ostermorgens. Und indem sie wieder bekennt, was sie glaubt – nicht abstrakt, sondern konkret. Nicht vorsichtig, sondern mit brennendem Herzen.

Denn wenn Christus den Tod besiegt hat, dann ist alles anders. Dann ist der Weg offen – und die Kirche muss den Mut haben, ihn zu zeigen. Nicht als einen von vielen, sondern als den einzigen, der wirklich trägt.

Nicht Lehre allein – sondern Leben in Christus

Die Wahrheit des Christentums erschöpft sich nicht in seiner Lehre. Sie beginnt dort – aber sie will verkörpert, gelebt, vollzogen werden. Das Christentum ist kein System von Gedanken, sondern die Einladung in eine neue Wirklichkeit. Es geht nicht um Information, sondern um Transformation.

Jesus Christus hat nicht gesagt: „Lernt meine Lehre." Er hat gesagt: „Folgt mir nach." Und: „Bleibt in mir, so bleibe ich in euch." Diese Sprache ist nicht akademisch, nicht moralisch, nicht ideologisch – sie ist existenziell. Sie zielt auf eine Lebensgemeinschaft ab, auf einen inneren Vollzug, der den ganzen Menschen umfasst. Und sie meint etwas, das nur durch Gnade geschehen kann: die Teilhabe am Leben Christi selbst.

Diese Teilhabe ist nicht bloß ein geistiges Ideal, sondern eine Wirklichkeit, die die Kirche konkret vermittelt – in den Sakramenten. In der Taufe wird der alte Mensch abgelegt und der neue empfangen. In der Eucharistie wird Christus selbst empfangen – nicht symbolisch, sondern real. In der Beichte wird die zerbrochene Beziehung zu Gott erneuert. In jedem Sakrament geschieht etwas, das über das Sichtbare hinausgeht. Es sind Durchlässe zur Transzendenz.

Doch wie sollen diese Sakramente noch verstanden werden, wenn Christus nur noch als moralisches Vorbild oder spiritueller Lehrer verkündet wird? Wenn die zentrale Botschaft – Tod und Auferstehung – nur noch als religiöse Erzählung gilt, nicht als historische Wahrheit?

Die Kirche hat über Jahrhunderte hinweg das Geheimnis der Erlösung nicht nur erklärt, sondern gelebt: im Ritus, im Gebet, im persönlichen Opfer, in der mystischen Vereinigung mit Christus. Diese gelebte Verbindung war die Quelle ihrer Kraft. Wo sie brannte, da wuchs Heiligkeit – und da geschah Wandlung.

Heute jedoch erleben viele Gläubige eine Kirche, in der diese Tiefe kaum noch spürbar ist. Der Vollzug des Glaubens ist ersetzt worden durch Worte. Aus dem Glaubensleben ist ein Gesprächsangebot geworden, aus dem Bekenntnis ein Konsensvorschlag. Man „reflektiert", „positioniert", „gestaltet" – aber man lebt kaum noch aus der unerschütterlichen Wahrheit der Auferstehung heraus.

Dabei geht es nicht um Rückzug oder Verweigerung, sondern um die Wiederentdeckung des innersten Kerns: Nur wer in Christus lebt, kann ihn auch verkünden. Nur wer ihn empfangen hat, kann ihn glaubwürdig bezeugen. Und nur wer aus der Quelle schöpft, kann auch anderen zu trinken geben.

Deshalb darf sich die Kirche nicht auf die Weitergabe von Lehre beschränken – so wichtig sie ist. Sie muss konkrete Räume eröffnen, in denen Christus wirklich begegnet werden kann: in der Anbetung, in der feierlichen Liturgie, im heiligen Schweigen, in der ehrlichen Beichte, im gläubigen Empfang der Eucharistie. Alles andere ist nachgeordnet.

Denn die Welt braucht keine weiteren Stimmen, die Ratschläge erteilen. Sie braucht Orte, an denen Leben geschieht – göttliches

Leben. Und dieses Leben kommt allein aus Christus. Er ist nicht nur der Lehrer – er ist der Weg, die Wahrheit und das Leben selbst.

Wenn die Kirche das vergisst, wird sie zu einer Institution unter vielen. Wenn sie es wiederentdeckt, wird sie das, was sie immer war: der sichtbare Leib des lebendigen Herrn inmitten einer sterbenden Welt.

Der Priester als Wächter der Transzendenz – nicht als Moderator von Ethik

In einer Zeit, in der alles profaniert wird – das Denken, das Handeln, sogar das Fühlen –, ist der Auftrag der Kirche nicht, sich dieser Welt gleichzumachen. Ihr Auftrag ist es, Brücke zu sein: zwischen Zeit und Ewigkeit, zwischen Mensch und Gott, zwischen Diesseits und Jenseits. Die Kirche ist nicht einfach ein religiöses Haus unter vielen, sondern ein heiliger Ort, an dem die Transzendenz durchscheint.

In diesem Zusammenhang kommt dem Priester eine entscheidende Rolle zu: Er ist nicht Manager, nicht Sozialpädagoge, nicht Entertainer. Er ist Mittler. In seinem Dienst steht er am Rand der Zeit – und weist in das Ewige. Er öffnet die Tür zur anderen Wirklichkeit. Er bringt das Opfer Christi dar. Er ist kein Darsteller, sondern ein Diener des Mysteriums.

Diese Funktion kann er nur erfüllen, wenn der Rahmen seines Handelns dies auch sichtbar und erfahrbar macht. Das bedeutet: Die Liturgie muss wieder aus der Profanität herausgehoben sein. Der Raum muss wieder durch seine Gestaltung das Heilige ankündigen. Die Zeit des Gottesdienstes muss sich wieder von der Alltagszeit unterscheiden. Nur so kann die Kirche das sein, was sie sein soll: ein Durchgang, ein heiliger Ort, eine Schwelle zwischen zwei Welten.

Der moderne Versuch, das Gegenteil zu tun – die Liturgie in Alltagssprache zu pressen, die Musik auf populäre Formate umzustellen, den Raum zu einem Ort der Versammlung zu degradieren – zerstört genau das, was den Menschen innerlich verwandeln könnte. Denn es ist nicht die Vertrautheit, die den Zugang zum Göttlichen eröffnet. Es ist das Andere, das Fremde, das Erhabene, das Heilige.

Der Mensch muss erschüttert werden. Nicht im Sinne von Angst, sondern im Sinne von Ehrfurcht. Er muss herausgehoben werden aus seinem gewohnten Wahrnehmungsmodus. Denn nur so kann sich sein Inneres öffnen für das, was jenseits liegt: für die Realität Gottes.

Der Priester ist derjenige, der diesen Raum bereitet – durch seine Haltung, durch seine Kleidung, durch seine Worte, durch seine Ausstrahlung. Wenn er diesen Dienst nicht mehr ernst nimmt, wenn er sich selbst zum Mittelpunkt macht oder sich als Animateur missversteht, dann versperrt er die Pforte zur Transzendenz, statt sie zu öffnen.

Die Liturgie ist nicht dazu da, uns zu gefallen, sondern uns zu verwandeln. Sie ist nicht Ausdruck von Gemeinschaft, sondern Vergegenwärtigung der göttlichen Wirklichkeit. Wenn sie sich dem Alltäglichen angleicht, verliert sie ihre Kraft. Wenn sie dagegen aus der Zeit herausgehoben wird – durch Stille, Schönheit, Ordnung, Symbolik –, dann beginnt sie, ihr wahres Wesen zu entfalten.

Die Frage, um die es in Wahrheit geht, ist nicht: „Wie können wir die Kirche attraktiver machen?", sondern: „Wie kann der Mensch gerettet werden?" Und das heißt konkret: Wie kann er zum ewigen Leben finden? Denn genau das steht auf dem Spiel. Es geht nicht um Ethik, nicht um gesellschaftliche Relevanz, nicht um politische Stellungnahmen. Es geht um Sein oder Nichtsein in seiner letzten, tiefsten Dimension.

Diese Ernsthaftigkeit, diese Tiefe, diese existentielle Wucht – sie fehlt heute fast überall. Und doch war es genau diese Realität, die die ersten Christen bewegte. Nicht eine neue Sozialordnung, nicht ein neuer Lebensstil – sondern die Erfahrung: Christus ist auferstanden. Und wir werden mit ihm leben, wenn wir mit ihm sterben. Dafür sind sie in den Tod gegangen. Dafür haben sie alles verlassen. Dafür wurde die Kirche gegründet.

Wenn die Kirche heute überleben will, muss sie wieder genau dort ansetzen. Sie muss den Mut finden, wieder heilig zu sein – unzeitgemäß, unbeugsam, durchlässig für Gott. Und ihre Priester müssen aufhören, Moderatoren einer religiösen Freizeitveranstaltung zu sein. Sie müssen wieder Wächter der Transzendenz werden. Denn nur dann wird die Kirche wieder das sein, was sie immer war: das Haus Gottes, das Tor zum Himmel.

Der vergessene Gott – Warum die Kirche ihre Mitte verloren hat

Die Krise der Kirche ist keine Krise der Organisation. Sie ist auch keine rein pastorale, liturgische oder gesellschaftliche Herausforderung. All das sind Symptome. Die wahre Krise aber ist geistiger Natur – sie ist, im eigentlichen Sinn, eine Krise des Glaubens. Genauer: eine Krise des Glaubens an die zentrale, weltverändernde Wahrheit des Christentums.

Denn was ist geschehen?

In einem singulären, nicht wiederholbaren, göttlich initiierten Akt hat Christus – wahrer Gott und wahrer Mensch – die Kluft zwischen Himmel und Erde überbrückt. Er hat durch sein freiwilliges Opfer den Bruch zwischen Mensch und Schöpfer geheilt. Und er hat, durch seine reale, leibhaftige Auferstehung, das Tor zur Ewigkeit geöffnet. Der Tod hat nicht das letzte Wort. Die Trennung ist überwunden. Die Heimkehr ist möglich.

Dies ist nicht eine schöne Idee oder eine religiöse Hoffnung. Es ist eine neue Realität. Eine veränderte Wirklichkeit. Das Zentrum aller christlichen Verkündigung, aller Liturgie, aller Glaubenspraxis.

Doch gerade dieses Zentrum ist in Vergessenheit geraten. Nicht bei allen, aber in weiten Teilen der heutigen Kirche – ihrer Lehre, ihrer Praxis, ihrer Selbstwahrnehmung. Die Transzendenz ist an den Rand gedrängt, das Ewige dem Irdischen untergeordnet, das Mysterium dem Machbaren. Man spricht noch von Gott, aber nicht mehr als dem Heiligen, dem Erhabenen, dem absolut Anderen, sondern als einem innerweltlichen Begleiter, der mit dem Zeitgeist versöhnt wurde.

Was aber ist die Ursache dieses Verlustes?

Es ist der Mensch der Moderne selbst – oder besser: sein verändertes Selbstverständnis. Seit der Aufklärung wird die Vorstellung vom autonomen, freien Subjekt zur obersten Maxime. Der Mensch will nicht mehr Geschöpf sein, sondern Gestalter, Entscheider, Herr über sich selbst. Der Glaube an einen personalen Gott, der Ursprung, Ziel und Richter des Lebens ist, steht diesem autonomen Selbstbild diametral entgegen.

Und so geschieht, was unausweichlich ist: Der transzendente Gott wird entweder abgeschwächt, entmythologisiert oder ersetzt – durch ein abstraktes „Göttliches", ein spirituelles Prinzip, ein ethisches Ideal. Doch was dabei verloren geht, ist die lebendige Beziehung – die Konfrontation mit einem Gott, der fordert, der richtet, der rettet.

Viele Theologen und Kirchenführer unserer Zeit passen sich dieser Verschiebung an – bewusst oder unbewusst. Die „Autonomie des Menschen" wird nicht mehr hinterfragt, sondern als unveräußerlicher Wert hingenommen. Die Erlösungsbedürftigkeit des Menschen wird relativiert, der Begriff der Sünde weitgehend vermieden. Die Liturgie wird so gestaltet, dass sie dem Menschen „entgegenkommt" – nicht mehr Gott gegenübertritt. Das Heilige wird funktionalisiert. Der Priester wird zum Moderator. Die Messe wird zur gemeinschaftlichen Feier, nicht mehr zum Opfer.

Doch eine Kirche, die die Transzendenz verliert, verliert auch sich selbst. Sie wird zu einer moralischen Agentur. Sie wird politisch, pädagogisch, therapeutisch – aber nicht mehr metaphysisch notwendig. Und deshalb verliert sie ihre Strahlkraft. Deshalb bröckeln die Fundamente. Nicht, weil die Menschen nicht mehr glauben wollen – sondern weil sie nicht mehr sehen, woran sie glauben sollen.

Denn wenn Jesus Christus nicht wirklich von den Toten auferstanden ist – wenn sein Kreuzestod kein Opfer war, das die Sünde der Welt getragen hat – wenn er nicht der Sohn Gottes ist, der in die Geschichte eingetreten ist, um sie zu erlösen –, dann ist das Christentum nichts weiter als eine moralische Erzählung. Und dann wird die Kirche zu einer von vielen Stimmen im säkularen Chor.

Doch wenn all das wahr ist – dann ist es die entscheidende Wahrheit überhaupt. Dann ist sie wichtiger als jede politische oder gesellschaftliche Debatte. Dann ist sie das Zentrum – oder es gibt kein Zentrum mehr.

Und wenn das Zentrum in Vergessenheit gerät, dann ist es kein Wunder, dass die Kirche ihre Mitte verliert. Und mit ihr: das Vertrauen, den Zuspruch, die Berufungen, die Tiefe.

Was also ist zu tun?

Die Kirche muss umkehren. Nicht in erster Linie zu alten Formen oder Regeln – sondern zum Glauben. Sie muss Christus wieder ins Zentrum rücken: nicht den Christus der Moral, sondern den Christus des Kreuzes und der Auferstehung. Sie muss verkünden, was sie selbst kaum noch zu glauben wagt: Dass wir uns nicht selbst erlösen können. Dass wir verloren sind – ohne ihn. Und dass er allein der Weg, die Wahrheit und das Leben ist.

Nur in dieser Rückkehr liegt die Erneuerung. Alles andere wäre Selbsttäuschung. Die Zukunft der Kirche liegt nicht in Anpassung – sondern in Anbetung. Nicht im Dialog mit der Welt – sondern im Zeugnis für das Ewige.

Denn was die Welt sucht, auch wenn sie es selbst nicht mehr weiß, ist nicht eine weitere

Meinung – sondern eine Tür zur Wirklichkeit
Gottes.

Zurück zur Mitte – ein Weg der Erneuerung

Die Krise der Kirche ist keine Strukturkrise, keine Kommunikationskrise und auch keine Nachwuchskrise. Sie ist eine Krisis im ursprünglichen Sinn: ein Gericht, eine Scheidung zwischen Wahrheit und Irrtum, Tiefe und Oberfläche, Wesentlichem und Nebensächlichem.

Was notwendig ist, ist keine Reform im technischen Sinn, keine Modernisierung der Sprache oder Organisation. Was notwendig ist, ist eine wirkliche Umkehr – eine Rückkehr zur Mitte. Und diese Mitte ist nicht ein Konzept, kein theologisches Programm, kein institutionelles Ziel. Die Mitte ist eine Person: Jesus Christus, der Gekreuzigte und Auferstandene.

Diese Rückkehr beginnt nicht mit Papieren, nicht mit Tagungen, nicht mit neuen Formaten. Sie beginnt im Innersten: im Gebet, in der Stille, im Bekenntnis, in der geistlichen Klarheit. Es ist der Weg nach innen, der allein die Kraft zur Erneuerung freisetzt. Denn wer Christus in der Tiefe begegnet, wird verwandelt – und wird zum Werkzeug der Wandlung.

Die Mitte der Kirche war nie das, was sie sagt oder tut, sondern was sie in sich trägt. Wenn der lebendige Christus im Herzen der Gläubigen und der Priester wieder Platz findet, wird sich alles andere fügen. Wenn aber alles andere gepflegt und modernisiert wird – Liturgie, Organisation, Kommunikation – und dieses Herz bleibt leer, dann bleibt auch alles andere leer.

Deshalb ist die erste und wichtigste Aufgabe nicht die Veränderung der Welt durch die Kirche, sondern die Verwandlung der Kirche durch Gott. Das beginnt in jedem Einzelnen – in seiner Bereitschaft zur Buße, zur Hingabe, zum Vertrauen. Die Erneuerung der Kirche wird nicht durch Konzepte kommen, sondern durch Heilige.

Und das heißt: Es braucht wieder einen Blick in die Ewigkeit. Eine Kirche, die sich selbst retten will, ist verloren. Eine Kirche aber, die sich wieder an Christus verliert – die wird gerettet werden.

Deshalb ist auch jede äußere Reform nur dann sinnvoll, wenn sie von dieser Rückkehr zur Mitte getragen wird. Jede Form – sei es Liturgie, Gemeindeaufbau oder Predigt – muss wieder ausgerichtet werden auf das Zentrum: Christus in seiner ganzen Fülle. Nicht angepasst, nicht reduziert, nicht entschärft.

Denn am Ende gibt es nur zwei Wege: Entweder die Kirche beugt sich Christus – oder sie beugt sich der Welt. Und die Geschichte hat gezeigt: Wo sie sich der Welt gebeugt hat, wurde sie schwach. Wo sie sich Christus gebeugt hat, wurde sie fruchtbar.

Der Weg der Zukunft ist der Weg zurück. Nicht rückwärtsgewandt – sondern rückverwurzelt. Zurück in die Tiefe, in die Wahrheit, in die Heiligkeit. Dort wird die Kirche wieder leuchten. Nicht aus sich selbst – sondern aus der Mitte, die nie vergeht.

Aus Liebe zur Kirche

Dieser Text versteht sich nicht als Kritik im herkömmlichen Sinn. Es ist der Versuch, eine innere Not zum Ausdruck zu bringen, die viele Gläubige teilen – in Stille, in Trauer, oft ohne Stimme. Es ist ein Ausdruck der Sehnsucht nach der Wiederentdeckung dessen, was die Kirche über zwei Jahrtausende hinweg getragen hat: die lebendige, heilige Mitte – Jesus Christus, den Mensch gewordenen Sohn Gottes, den Gekreuzigten und Auferstandenen.

Wir leben in einer Zeit tiefgreifender Verwirrung. Orientierung ist verloren gegangen – nicht nur in der Welt, sondern auch innerhalb der Kirche. Die Botschaft wird zunehmend unscharf, das Zeugnis schwächer, die Strahlkraft geringer. Viele wissen nicht mehr, woran sie glauben, worauf sie hoffen, worin sie ihre Identität finden sollen.

Die Ursachen dafür sind vielfältig. Doch im Kern scheint eine Bewegung wirksam zu sein, die – bewusst oder unbewusst – die Transzendenz gegen die Immanenz austauscht.

Die Botschaft vom ewigen Leben wird überdeckt von moralischen Appellen. Das Geheimnis der Sakramente wird zu Symbolik umdefiniert. Die Liturgie wird dem Zeitgeist angepasst, der Glaube auf gesellschaftliche Relevanz geprüft. All das geschieht vielleicht in guter Absicht – aber mit schwerwiegenden Folgen.

Denn der Mensch hungert nicht nach Ethik allein. Er hungert nach Sinn, nach Wahrheit, nach der Erfahrung des Heiligen. Und das ist es, was die Kirche ihm zu geben vermag – oder besser: geben sollte. Sie ist berufen, Ort der Begegnung mit Gott zu sein. Ein Raum, der durchlässig wird für die Transzendenz. Eine Pforte zwischen Zeit und Ewigkeit.

Wenn die Kirche ihre Mitte verliert, verliert sie auch ihre Sendung. Was bleibt, ist dann nur noch Organisation, Positionierung, Meinung. Doch das rettet niemanden. Nur Christus rettet. Und nur eine Kirche, die ihn in ihrer Mitte trägt, kann Licht und Salz der Erde sein.

Deshalb ist die Hoffnung, die diesen Zeilen zugrunde liegt, schlicht und doch tiefgreifend: Möge die Kirche wieder mutig ihre Mitte bekennen – nicht als Idee, sondern als Person. Möge sie Christus wieder in den Mittelpunkt rücken: in der Liturgie, in der Verkündigung, im Leben der Gläubigen. Möge sie Orte schaffen, an denen das Heilige wieder spürbar wird. Und möge sie sich nicht fürchten, unzeitgemäß zu sein – denn das Evangelium war es immer.

Niemand erwartet vollkommene Antworten. Aber viele hoffen auf deutliche Zeichen. Zeichen, dass die Kirche den Mut hat, sich selbst neu zu finden – nicht in sich, sondern in ihrem Herrn. Dieser Text ist nur ein kleiner Versuch, diese Hoffnung auszudrücken.

Ich Bin!
Bewusstsein: Wille und Ewigkeit

BoD Verlag, 2025
ISBN 9 783 819 295171

Jenseits von Raum und Zeit:
Bewusstsein, Transzendenz und die Grenzen
des Materialismus

BoD Verlag, 2025
ISBN 9 783 769 357981

Vom Licht zur Leere.
Wie der Westen seine Wahrheit verlor.

BoD Verlag, 2025
ISBN 9 783 769 354607

Der Gottesbeweis.
Warum ein bewusster Schöpfer die
einzige Erklärung ist.

BoD Verlag, 2024
ISBN 9 783 759 777751

Bewusstsein, Individuum, Gott
Ein offener Dialog

BoD Verlag, 2024
ISBN 9 783 769 303018

Entscheidung für den Glauben
Die willentliche Rückkehr zu Gott als Rettung
aus der Krise.

BoD Verlag, 2024
ISBN 9 783759 785060

**Die Architektur des Glaubens: Weltbilder
und ihre Auswirkungen**
Die Rolle des Theismus und des Christentums
in einer fragmentierten Welt.

BoD Verlag, 2023
ISBN 9 783757 890032

Gott ist Person!
Warum es wichtig ist, Gott als ein ewiges, un-
veränderliches Individuum zu begreifen.

BoD Verlag, 2019
ISBN 9 783744 820004

Das Diesseits, das Jenseits und die Kraft der Liebe
Was Sie über das Leben und das Sterben wissen müssen.

BoD Verlag, 2013
ISBN 9 783842 358577

**Alle Veröffentlichungen sind als Taschen-
buch und als E-Book erhältlich.**